VENTE APRÈS DÉCÈS DE M. D. JOUAUST

IMPRIMEUR-ÉDITEUR

HOTEL DROUOT, SALLE N° 10

Le Vendredi 15 Décembre 1893

DESSINS ORIGINAUX

AYANT SERVI A L'ILLUSTRATION

DES OUVRAGES PUBLIÉS

PAR LA LIBRAIRIE DES BIBLIOPHILES

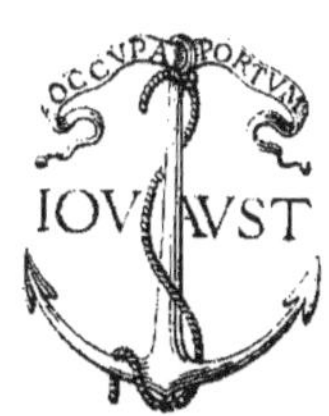

EXPOSITION PUBLIQUE

Le Jeudi 14 Décembre 1893, de 1 heure 1/2 à 5 heures 1/2

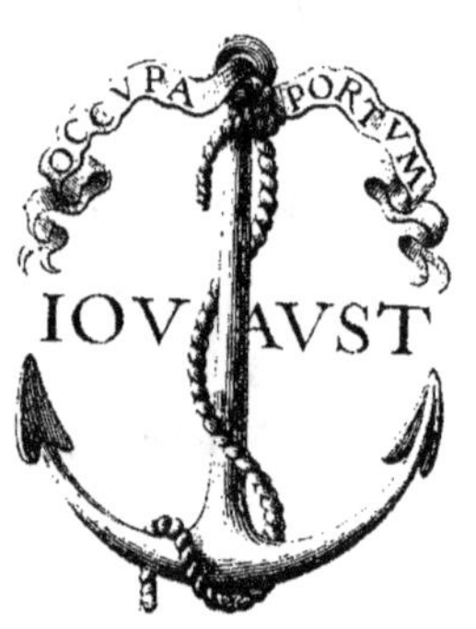
OCCVPA PORTVM
IOV AVST

DESSINS ORIGINAUX

AYANT SERVI A L'ILLUSTRATION

DES OUVRAGES PUBLIÉS

PAR LA LIBRAIRIE DES BIBLIOPHILES

EXPOSITION PUBLIQUE

LE JEUDI 14 DÉCEMBRE 1893, DE 1 HEURE 1/2 A 5 HEURES 1/2

Nota. — Les amateurs pourront voir les dessins mis en vente chez M. FÉRAL, expert, 54, faubourg Montmartre, les 11, 12 et 13 décembre, de 1 heure à 4 heures.

CATALOGUE

DE

TRENTE DESSINS ORIGINAUX

DE

LOUIS LELOIR

AYANT SERVI A L'ILLUSTRATION DU THÉATRE DE MOLIÈRE

ET DE

DESSINS ORIGINAUX

PAR

E. ADAN, ARCOS, AUBLET, P. AVRIL, BRAMTOT,

DELORT, J. GARNIER, HEDOUIN, LAGUILLERMIE, LALAUZE, LE BLANT,

LOS RIOS, MOUILLERON, E. LÉVY, H. LÉVY,

ROCHEGROSSE ET WORMS

DONT LA VENTE AURA LIEU

PAR SUITE DU DÉCÈS DE M. D. JOUAUST

pour cause de minorité en vertu d'ordonnance

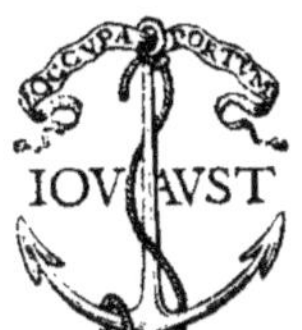

HOTEL DROUOT, SALLE N° 10

Le Vendredi 15 Décembre 1893, à 2 heures 1/2

<table>
<tr><td align="center">Me L. TUAL
COMMISSAIRE-PRISEUR
56, rue de la Victoire.</td><td align="center">M. E. FERAL
PEINTRE-EXPERT
54, rue du faubourg Montmartre.</td></tr>
</table>

CONDITIONS DE LA VENTE

Elle sera faite au comptant.

Les acquéreurs paieront *cinq pour cent* en sus des enchères.

L'acquisition des Dessins, Aquarelles et Peintures ne confère pas à l'acheteur les droits de reproduction qui sont réservés.

DÉSIGNATION

LELOIR (Louis)

Dessins ayant servi à l'illustration du
THÉATRE DE MOLIÈRE

— 18 sur 25 —

1 — *L'Estourdy.*

(ACTE IV, SCÈNE II.)

2 — *Le Dépit amoureux.*

(ACTE IV. SCÈNE IV.)

3 — *Les Précieuses ridicules.*

(SCÈNE IX.)

4 — *Sganarelle.*

(SCÈNE XXI.)

5 — *Dom Garcie.*

(Acte II, Scène V.)

6 — *L'Escole des Maris.*

(Acte III, Scène VII.)

7 — *Les Fascheux.*

(Acte Ier, Scène III.)

8 — *L'Escole des Femmes.*

(Acte V, Scène IV.)

9 — *Critique de l'Escole des Femmes.*

(Scène VII.)

10 — *L'Impromptu de Versailles.*

(Scène Ire.)

11 — *Le Mariage forcé.*

(Scène IX.)

12 — *La Princesse d'Élide.*

(Acte II, Scène Ire.)

— 7 —

13 — *Dom Juan.*

(ACTE III, SCÈNE V.)

14 — *L'Amour médecin.*

(ACTE III, SCÈNE VI.)

15 — *Le Misantrope.*

(ACTE II, SCÈNE Ire.)

16 — *Le Médecin malgré luy.*

(ACTE Ier, SCÈNE V.)

17 — *Mélicerte.*

(ACTE II, SCÈNE III.)

18 — *Le Sicilien.*

(SCÈNE XII.)

19 — *Tartuffe ou l'Imposteur.*

(ACTE IV, SCÈNE IV.)

20 — *Amphitryon.*

(ACTE Ier, SCÈNE II.)

21 — *George Dandin.*

(ACTE III, SCÈNE VI.)

22 — *L'Avare.*

(ACTE Ier, SCÈNE III.)

23 — *Monsieur de Pourceaugnac.*

(ACTE III, SCÈNE III.)

24 — *Les Amans magnifiques.*

(ACTE IV, SCÈNE Ire.)

25 — *Le Bourgeois gentilhomme.*

(ACTE V, SCÈNE Ire.)

26 — *Psyché.*

(ACTE IV, SCÈNE IV.)

27 — *Les Fourberies de Scapin.*

(ACTE III, SCÈNE II.)

28 — *La Comtesse d'Escarbagnas.*

(SCÈNE II.)

29 — *Les Femmes sçavantes.*

(ACTE III, SCÈNE II.)

3o — *Le Malade imaginaire.*

(ACTE Ier, SCÈNE Ire.)

E. ADAN

Dessins ayant servi à l'illustration des *Fables* de Florian.

— 18 sur 26 —

31 — *La Fable et la Vérité.*

32 — *L'Enfant et le Miroir.*

33 — *Le Roi Alphonse.*

34 — *L'Avare et son Fils.*

35 — *Le Charlatan.*

36 — *L'Enfant et le Dattier.*

*

ARCOS

37 — BEAUMARCHAIS. 9 dessins pour *Le Barbier de Séville* et *Le Mariage de Figaro*.

AUBLET

38 — NADAUD. 5 dessins pour une Idylle.

AVRIL (PAUL)

39 — *Faublas.* 15 dessins.

14 sur 21.

BRAMTOT

40 — *Graziella.* 6 dessins.

26 sur 40.

41 — *Mes Prisons.* 6 dessins.

20 sur 29

DELORT (Ch.)

Dessins ayant servi à l'illustration du *Capitaine Fracasse.*

— 18 sur 26 —

42 — *Adieux à Sigognac.*

43 — *Entrée du Marquis au* « Soleil bleu ».

44 — *Brigands pour les oiseaux.*

45 — *L'Adieu de Zerbine.*

46 — *L'Annonce de Scapin.*

47 — *Arrivée aux Armes de France.*

48 — *Isabelle et Sigognac.*

49 — *Le Logis de Lampourde.*

50 — *Au Radis couronné.*

51 — *Duel avec Lampourde.*

52 — *L'Enlèvement.*

53 — *La Reconnaissance.*

54 — *Vallombreuse chez Sigognac.*

55 — *Les Fiançailles.*

56 — *Le Chariot de Thespis.*

(Ce dernier dessin n'a pas été gravé.)

FLAMENG (F.)

57 — *Roman comique.* 9 dessins.

GARNIER (J.)

58 — *Cent Nouvelles nouvelles.* 10 dessins.

11 sur 15.

59 — *Fascétieuses nuits de Straparole.* 14 dessins.

14 sur 20.

Et un lot d'Études, Croquis et Dessins dont plusieurs
non gravés.

HEDOUIN

60 — *Manon Lescaut.* 5 dessins.

20 sur 29.

61 — *Voyage autour de ma chambre.* 5 dessins.

16 sur 22.

62 — *Confessions de J.-J. Rousseau.* 12 dessins.

15 sur 22.

63 — *La Nouvelle Héloïse.* 6 dessins.

15 sur 22.

64 — *Œuvres de Jules Janin.* 13 dessins.

15 sur 23.

65 — *Voyage sentimental.* 5 dessins.

20 sur 29.

LAGUILLERMIE

66 — *Romans* de Voltaire. 11 aquarelles.

22 sur 32.

67 — *Paul et Virginie.* 5 dessins.

17 sur 25.

LALAUZE

68 — *Gulliver*. 8 dessins.

14 sur 32.

69 — *Mille et une nuits*. 21 dessins.

LE BLANT (J.)

70 — *Servitude et grandeur militaires*. 6 dessins.

24 sur 17.

LÉVY (E.)

71 — *Daphnis et Chloé*. 4 dessins.

6 sur 3.

72 — *Paul et Virginie*. 5 dessins.

14 sur 7.

73 — *Atala et René*. 5 dessins.

15 sur 8.

74 — *Psyché* (de Lafontaine). 5 dessins.

17 sur 9.

75 — *Anacréon.* 5 dessins.

15 sur 8.

76 — *Théocrite.* 5 dessins.

15 sur 8.

LÉVY (H.)

77 — *Imitation de Jésus-Christ.* 5 dessins.

17 sur 25.

LOS RIOS

78 — *Gil Blas.* 12 dessins.

22 sur 32.

MOUILLERON

79 — *Robinson Crusoé.* 7 dessins.

16 sur 24.

Un lot d'Études et de Croquis.

RANVIER

80 — *Aminte.* 5 dessins.

32 sur 56.

ROCHEGROSSE

Peintures à l'huile en grisaille pour l'illustration
de l'*Orestie.*

81 — *Le Retour d'Agamemnon.*

82 — *Le Meurtre d'Agamemnon.*

83 — *Électre et Oreste devant le tombeau d'Agamemnon.*

84 — *Le Meurtre de Clytemnestre.*

85 — *Oreste et les Furies devant l'Aréopage.*

86 — *Oreste embrasse la statue de Minerve.*

WORMS

Dessins pour l'illustration de *Don Quichotte.*

— 17 sur 24 —

87 — *La Veillée des armes.*

88 — *Arrivée à la taverne.*

89 — *Le Baume de Fier-à-Bras.*

90 — *L'Armet de Mambrin.*

91 — *La Rencontre de Dorothée.*

92 — *André retrouve Don Quichotte.*

93 — *Arrivée de la Mauresque à la taverne.*

94 — *Don Quichotte pris par le bras.*

95 — *Rentrée de Don Quichotte.*

96 — *Rencontre des trois paysannes.*

97 — *La Barque enchantée.*

98 — *Don Quichotte désarmé.*

99 — *Sancho vient reprendre son âne.*

100 — *Don Quichotte et Altisidore.*

101 — *Rencontre des deux bergères.*

102 — *Don Quichotte au bal d'Antonio.*

103 — *Le Retour.*

WORMS

104 — *Les Contes Remois. 5 dessins.*

———

THÉATRE DE MUSSET

105 — Exemplaire unique tiré sur format in-quarto
jésus en papier Wathman contenant les

SEIZE DESSINS DE Ch. DELORT

avec un croquis original à la plume en
tête de chaque pièce, une suite de planches en 1ᵉʳ état (eaux-fortes pures) et une
suite de planches avant la lettre.

4 volumes.

PARIS

IMPRIMERIE D. JOUAUST, L. CERF SUCCESSEUR

13, RUE DE MÉDICIS